PORTE-FEUILLE

DE

BUONAPARTE.

PORTE-FEUILLE

DE

BUONAPARTE,

P RIS A C HARLEROI LE 18 J UIN 1815.

A MONTPELLIER,

DE L'IMPRIMERIE DE JEAN-GERMAIN TOURNEL,

PLACE DE LA PRÉFECTURE, N.º 216.

1815.

AVIS DES ÉDITEURS.

*Un Officier au service du Roi des Pays-
Bas, Mr Van Uchelen, fait prisonnier le
17 juin et conduit à Charleroi, y fut oublié
par les soldats de Buonaparte, lors de leur
déroute après la bataille de la belle alliance.
Il poſita du moment, se déclara Commandant de la Ville, et au moyen de quelques
hommes armés qu'il parvint à réunir, il
arrêta le pillage des caissons et des voi-
tures, et mit en sûreté une douzaine de
canons et beaucoup d'autres objets de prix.*

*Un grand porte-feuille qu'il envoya à
Bruxelles, se trouva être celui du baron
Fain, premier Secrétaire du cabinet de*

Buonaparte. *Toutes les pièces y contenues sont d'une date fort récente; et comme elles jettent un grand jour sur l'état de l'intérieur de la France, nous nous sommes empressés de les publier.*

Nous n'avons pas cru, cependant, devoir réimprimer les adresses présentées à Buonaparte par les autorités qu'il a trouvées sur sa route, depuis Paris jusqu'à la frontière, ni les pétitions ridicules dont l'accablèrent ceux qui, d'avance, voyaient en lui le conquérant de la Be'gique. --- Qu'importe en effet au public de savoir que Mr M.....n ne se félicite sur la prochaine délivrance des Belges que pour demander au libérateur la place de Conservateur des Eaux et Forêts à Bruxelles? Lirait-on avec intérêt la requête de M.^r........ qui a l'honneur d'être Dauphinois et aspire à l'honneur d'être Commandant de place en Flandres? Ou celle du Citoyen Mallarmé, sous-préfet d'Avesnes, qui rappelle ses titres de Républicain et de Conventionel, et tous les services qu'il a rendus jusqu'à l'odieuse restauration, pour réclamer la croix de la légion d'honneur ?

En revanche, nous croyons que la curiosité sera vivement piquée par

Les rapports des officiers d'ordonnance en mission dans les départemens du Midi, pour observer les progrès de l'armement et l'esprit public ;

Les rapports du Préfet de Police Réal, remarquables sur-tout en ce qui concerne la Chambre des Représentans, placée sous la surveillance de cet agent ;

Enfin par les lettres de Buonaparte à plusieurs Ministres et Généraux, depuis le 11 Juin, veille de son départ de Paris, jusqu'au 18, jour de sa mémorable défaite.

Nous donnons ici les rapports littéralement conformes aux originaux ; les lettres de Buonaparte sont copiées avec la plus scrupuleuse exactitude sur les minutes *trouvées dans le porte-feuille du Baron Fain. Les minutes sont ordinairement de la main de ce Secrétaire écrivant sous la dictée de Buonaparte : quelques-unes sont de la main de Napoléon lui-même. Nous abandonnons à nos lecteurs le soin de faire les observations auxquelles toutes ces pièces peuvent donner lieu.*

RAPPORT fait à BUONAPARTE par le Comte LARIBOISSIÈRE, un de ses officiers d'ordonnance, daté de Nantes le 5 Juin 1815; suivi d'une

NOTE remise à M. LARIBOISSIÈRE , par le Général CHARPENTIER.

Ces deux pièces , qui contiennent des détails intéresans sur la Vendée, ont été mises sous les yeux de *Buonaparte*, par M. *Gourgaud*, son premier officier d'ordonnance , à Paris le 9 Juin 1815, avec une analyse également trouvée dans le porte-feuille. Nous supprimons ces extraits de M. *Gourgaud*.

Nantes, le 5 Juin 1815.

S I R E ,

J'AI l'honneur de rendre compte à Votre Majesté que le général *Charpentier* vient de recevoir la nouvelle que la vigie de Royon a signalé , le premier juin, 14 bâtiments Anglais , dont plusieurs de transport , qui se sont dirigés vers la Vendée; et que cette nuit il y a eu dans ce pays une levée en masse qui s'est portée sur la côte.

Le général *Travot* est parti depuis plusieurs jours avec 2300 hommes; on parle déjà de ses succès. Ce général a la grande connaissance des localités et beaucoup d'influence dans la

Vendée. Les Royalistes le craignent et ne négligent rien pour s'en débarrasser. Le général *Charpentier* regarde les moyens qu'il a avec lui comme insuffisants ; il porte à 12000 hommes les troupes qu'il lui faudrait pour faire rentrer ce pays dans l'ordre. On s'accorde à dire qu'il y a une grande désunion entre les Chefs de bandes et que la moitié des gens qu'ils traînent à leur suite sont forcés ; le général *Travot* pense lui-même que les moyens de séductions pourraient maintenant être employés avec succès.

Les bandes de la rive droite de la Loire s'augmentent journellement. Toutes les communications sont coupées avec Rennes. La gendarmerie fait mal son service : elle a été organisée dans ces départemens par Suzanet, chef de bande dans la Vendée. Ci-joint quelques observations qui m'ont été communiquées par le général *Charpentier*.

Je suis,

SIRE,

De Votre Majesté,

Le fidèle et dévoué sujet,

Le Cte LARIBOISSIÈRE,

Officier d'ordonnance.

Note *remise à Monsieur* Lariboissière, *Officier d'ordonnance de Sa Majesté, le 5 Juin* 1815.

A l'arrivée de l'Empereur en France, les départemens de la Vendée et de la Loire inférieure étaient restés tranquilles ; intimément convaincus que S. M. était soutenue par plusieurs puissances étrangères, tous les habitants étaient disposés à la paix et à la soumission. Une frégate anglaise, deux corvettes et deux bricks sont venus croiser sur les côtes de la 12.e divisson militaire et ont répandu avec profusion les déclarations du Congrès de Vienne des 13 et 25 mars. A dater de cette époque une agitation extrême s'est manifestée sur la rive gauche de la Loire ; des conciabules se sont formés sur tous les points ; les drapeaux tricolores étaient enlevés et on leur substituait le drapeau blanc.

Le général *Travot*, chargé du commandement des colonnes mobiles, avec le 15.e et le 16.e se montrait sur tous les points, empêchait les rassemblements de se former, encourageait les bons habitants et paraissait sûr avec ces forces de maintenir la tranquillité. C'est dans cet état de choses qu'on a reçu l'ordre de faire partir pour Orléans toutes les troupes disponibles, et que le général *Travot* se rendit à Rennes pour y prendre le commandement de la 13.e division.

Les circonstances étaient tellement urgentes, que les généraux crurent, dans les intérêts de Sa Majesté, devoir suspendre l'exécution des ordres de mouvement : le ministre insista et les troupes furent mises en marche.

Aussitôt l'insurrection générale éclata de toutes parts ; une frégate, deux bricks et deux corvettes firent journellement des signaux sur les côtes. Les insurgés s'**y** rendirent, et le débarquement s'opéra.

Cependant, le général *Laborde*, nommé gouverneur des divisions de l'Ouest, effrayé des rapports uniformes de toutes les autorités, avait envoyé avec la plus grande célérité à Nantes des canonniers de marine, un bataillon du 65.e et cent gendarmes. Ces forces réunies au 43.e régiment envoyé de Bordeaux, mirent à même le général *Travot* d'arriver sur le point du débarquement, de dissiper les insurgés, de s'emparer d'une grande quantité de munitions, de poursuivre et mettre en pleine déroute les insurgés qui s'étaient réunis à Aizenai.

Malgré ce succès, l'insurrection fit des progrès ; les 15.e et 26.e régimens ne purent rejoindre le général *Travot* par la rive gauche, furent obligés de faire un long circuit et de passer par la rive droite.

La conséquence à tirer des débarquemens et des mouvemens des insurgés est, que les généraux commandant les troupes de Sa Majesté l'Empereur, doivent particulièrement s'attacher à être toujours maîtres du littoral, afin d'empêcher les communications entre les Anglais et les Insurgés, les débarquemens d'armes et munitions.

Le général *Travot* a sous ses ordres, en troupes de ligne, *deux mille trois cents* hommes qui sont insuffisans pour remplir cet objet. Le général *Charpentier* a remis à sa disposition toutes les troupes qu'il avait sous ses ordres ; il n'a que *trois cents* hommes du 65.e, et soixante hommes d'artillerie, pour le service journalier de Nantes et pour la défense du château, au besoin. Il ne peut envoyer de colonnes mobiles sur la rive droite; de manière que l'insurrection s'organise journellement, et avec la plus grande facilité dans cette partie; les quatre mille hommes, que le général *Bigarré* devoit envoyer à la fin du mois, n'arrivent pas et n'arriveront vraisemblablement pas, puisque lui-même se trouve dans de grands embarras, et que toute communication avec lui se trouve interceptée.

Le général *Charpentier* a toujours été parfaitement d'accord avec le général *Travot*, et lui a toujours remis tous les hommes disponibles de la garnison de Nantes.

Le général *Travot* comptait sur les renforts, et n'espérait pas, même en réunissant tous ceux qui sont annoncés, pouvoir terminer cette malheureuse guerre; il aurait désiré, à travers toutes les mesures de sévérité ordonnées par le Ministre de la guerre, voir la possibilité d'employer, vis-à-vis des chefs d'insurgés, quelques moyens d'indulgence et même de séduction: les proscriptions en masse feront beaucoup d'ennemis à l'Empereur et ne nous soumettront personne. Ces dispositions ne peuvent avoir d'heureux effets, que lorsque les insurgés auront été complètement battus; et jusqu'à présent les forces mises sous les ordres du général *Travot* sont beaucoup trop suffisantes.

On croit donc que les meilleurs moyens pour empêcher les progrès de l'insurrection, et même pour commencer à la calmer, consistent:

1.o **A** mettre douze mille hommes de bonnes troupes sous les ordres du général *Travot*, qui a une connaissance parfaite du pays , et réunit la confiance générale des troupes et des habitans.

2.o Avoir à Nantes une garnison indépendante du général *Travot*, et dont la force, en troupes de ligne, s'élèverait au moins à deux mille hommes, qui porterait sur la rive droite une colonne chargée de comprimer l'insurrection , et d'empêcher toute communication des insurgés du *Morbihan* avec ceux de la rive gauche de la Loire.

3.o Donner au général *Travot* toute autorisation pour entrer en arrangement avec quelques chefs influens de la Vendée.

Deux rapports faits à BUONAPARTE, par M. PLANAT un de ses officiers d'ordonnance, datés de Montauban, le 3 Juin 1815.

Nous supprimons l'extrait fait par M. *Gourgaud*, en mettant ces deux pièces sous les yeux de *Buonaparte*, le 9 juin : c'est une copie littérale de quelques phrases de M. *Planat.*

RAPPORT à Sa Majesté l'Empereur.

Département   Montauban, le 3 Juin 1815.
de Tarn et Garonne.

S I R E ,

Le département de Tarn et Garonne me parait devoir appeler l'attention de Votre Majesté.

Il n'y a à Montauban ni Préfet, ni Maire ; ces fonctionnaires si importans, sur-tout ici, sont remplacés par un Conseil de Préfecture sans vigueur et par des adjoints qui viennent de donner leur démission ; en sorte que l'action du Gouvernement est tout à fait nulle.

M. *Saunier*, Préfet de ce département, a

été appelé à celui de l'Aube, au moment où tout commençait à bien marcher : son départ a tout paralysé.

M. *de Rambuteau* qui devait le remplacer, est nommé à la Chambre des Représentans, ainsi que M. *Bessière* Maire de Montauban.

Le Maréchal-de-Camp *Barrié*, Commandant le département, est la seule autorité qu'il y ait ici ; et quoique rempli de zèle et des meilleures intentions, obligé de pourvoir à tout, il me paraît effrayé de sa tâche, et fort intimidé par les menaces et l'insolence du parti Royaliste qui domine à *Montauban*.

Ni lui, ni le Conseil de Préfecture, n'ont pu me préciser quelque chose sur le rassemblement des deux bataillons d'élite de la Garde nationale, sur leur habillement, etc. ; encore moins sur l'époque présumée de leur départ.

Il y a dans ce département environ 1000 militaires rappelés, dans le cas de marcher ; sur ce nombre, il n'en est pas parti plus de 100 ; on ignore quand le reste partira.

Sur 40 chevaux que le département devait fournir le 1er Juin au 15e chasseurs, il n'en a été livré que 5. Le Conseil de Préfecture va passer un marché pour la fourniture du reste.

Les militaires retraités ont été réunis dès le 27 Mai; il s'en est trouvé en état de marcher 3oo qui sont déjà rendus à Perpignan.

L'esprit du département de Tarn et Garonne est des plus mauvais; *les mots de Patrie, de Gloire, d'Indépendance, de Cause nationale y sont non-seulement sans effet,* mais encore un objet de dérision. Il n'y a rien à faire ici que par une administration ferme et la force armée. Faute de ce dernier moyen, on ne pourra pas obtenir d'hommes dans ce département.

Il ne faut point penser à établir des colonnes mobiles composées de Gardes nationaux; ce serait presque fournir des armes contre l'autorité.

On annonce ici presque hautement l'entrée prochaine des ennemis sur le territoire Français, le retour des Bourbons et les vengeances qu'ils exerceront contre tous ceux qui serviraient la cause de Votre Majesté. Ces nouvelles absurdes, jointes à celle de l'insurrection de la Vendée, jettent la crainte dans

2

l'âme des bons citoyens et encouragent la désobéissance chez les autres.

Il n'y a point de dépôt à Montauban; la garnison se compose d'un détachement du 79.e de ligne, dont le dépôt est à Toulouse, où je le verrai demain. Ce détachement, fort de 262 sous-officiers et soldats bien armés, habillés et équipés, est indispensable à Montauban, pour contenir la population. Il serait même à désirer qu'il fût porté au double, pour avoir les moyens de rechercher les militaires refractaires dans tout le département.

l'Officier d'ordonnance,

P L A N A T.

RAPPORT à Sa Majesté l'Empereur.

Montauban, le 3 Juin 1815,

S I R E,

Votre Majesté m'a ordonné de lui faire un rapport sur les moyens de mettre la ville de Montauban à l'abri d'un coup de main.

Il ne reste presqu'aucun vestige de l'ancienne enceinte de cette ville ; de tous côtés, de vastes Faubourgs s'y sont réunis de manière à ne faire plus qu'un avec elle.

Dans l'état actuel de Montauban, il n'y aurait donc autre chose à faire pour la mettre à l'abri d'une attaque peu sérieuse, qu'à barricader l'extrémité de chaque Faubourg et à fermer les issues latérales, au moyen de quelques palissades.

S'il s'agissait de défendre l'accès de cette Ville du côté du Tarn, il suffirait d'occuper le pont et de s'y retrancher, en profitant des maisons voisines et de la maçonnerie d'une ancienne porte placée à l'entrée de ce pont. Dans cette hypothèse, on abandonnerait les deux importans Faubourgs de Toulouse et de Gasseras situés de l'autre côté du Tarn.

Lors de la retraite du Duc de Dalmatie, au printemps de l'année dernière, il fut question d'établir une tête de pont en avant de Montauban; mais il aurait fallu jetter à bas la plus grande partie des deux Faubourgs précités. On se détermina à tracer une ligne de redoutes, qui couvrait ces deux Faubourgs et dont le développement était d'environ 1000 toises.

Les événemens qui suivirent, empêchèrent de donner suite aux travaux.

L'Officier d'ordonnance,

P L A N A T.

RAPPORT fait à BUONAPARTE, par M. RÉSIGNY, un de ses officiers d'ordonnance, daté de Bordeaux le 7 Juin 1815.

M. GOURGAUD, premier officier d'ordonnance, en mettant ce rapport sous les yeux de son maître, donne pour l'extrait de la lettre de M. RÉSIGNY ce qui suit :

» L'esprit de Bordeaux est des plus mauvais. Les auto-
» rités civiles manquent de courage, les patriotes plutôt
» opprimés qu'aidés : on les traite de *Jacobins* ; on les
» empêche d'agir. Il faudrait les réunir en fédération pour
» opposer quelque chose à la fédération Royale qui s'étend
» dans tout le midi et qui prend tous les jours de l'éner-
» gie ; elle répand de l'argent partout et dispose de beau-
» coup d'agens subalternes des autorités. On met le châ-
» teau Trompette en état de défense ».

Nos lecteurs perdraient trop à ne connaître que par cet extrait l'esprit de la ville de Bordeaux, l'embarras des agens de l'usurpateur et l'énergie des Français fidèles à leur Roi et à l'honneur.

RAPPORT à S. M. l'Empereur.

Bordeaux, le 7 Juin 1815.

JE suis arrivé ici avant-hier, 5 du courant. L'esprit de la ville de Bordeaux, je puis

l'assurer à Votre Majesté, est détestable.
Dans ce moment, il y a apparence de
calme, mais il ne faut nullement s'y fier.
L'amour des Bourbons est porté ici à l'extrême chez les hommes, et jusqu'au fana-
time chez les femmes. Il est d'autant plus
difficile de faire changer cette disposition,
que les autorités civiles ou s'aveuglent (ce
que je ne crois pas) ou craignent d'appli-
quer le remède au mal. Je suis persuadé,
à n'en pas douter, que le Préfet ne sol-
licite pas de mesures de rigueur dans la
crainte d'en être l'exécuteur. Je le crois
cependant dévoué d'intention à Votre Majesté. Les autorités ici caressent trop un
parti qu'elles craignent. Les fonctionnaires
voudraient faire croire aux mécontents que
s'ils employent des mesures sévères elles
leur sont ordonnées par une autorité supé-
rieure (celle du Gouverneur par exemple);
que quant à eux, ils ne font qu'obéir, et
n'agiraient pas ainsi de leur propre mouvement.

D'après les instructions que Votre Majesté
m'a fait l'honneur de me donner, j'ai cherché
les moyens de relever l'esprit public. Il n'y en

a pas d'autre que de se servir des patriotes : car, dans la situation politique de ce pays, il faut absolument opposer un parti à un autre et des hommes à des hommes. Du moment où l'on saura les patriotes réunis, on les craindra et ils en imposeront aux Royalistes. Ils seraient nombreux ; mais ils ne sont nullement soutenus par les autorités, qui les appellent *Jacobins*. Plusieurs sont venus se plaindre à moi de ce que loin d'être aidés ils étaient comprimés.

Le parti Royaliste a le peuple, dans ce moment, à ses ordres. Il a beaucoup d'argent et ne l'épargne pas.

Je cherche présentement tous les moyens de ramener le peuple à Votre Majesté. Je me suis abouché avec des gens qui ont de l'influence sur lui, et qui sont dévoués au gouvernement : j'espère en tirer un bon parti. J'aurai l'honneur de rendre compte tous les jours à Votre Majesté de ce que j'aurai fait à cet égard. Je ne puis me servir en rien des autorités civiles ; car la moindre indiscrétion (et il y en aurait) rendrait suspects les gens dont je me sers, et non-seulement paralyserait leurs moyens, mais ferait qu'une mesure excellente en elle-même produirait de mauvais effets. Le général *Clausel* approuve entière-ment ce projet et croit que c'est la seule manière d'empêcher, en cas de guerre, des événemens de la nature de ceux qui se sont passés en 1814. Je ne ferai rien sans préala-blement le lui avoir soumis; il est entièrement dévoué à Votre Majesté.

Le commissaire extraordinaire n'a rien fait de bon dans ce pays. Il disait *qu'il fallait gagner du temps; que si l'Empereur était vainqueur, tout irait sans prendre de me-sures; et qu'au contraire, s'il était vaincu, tout ce qu'on aurait pu faire ne servirait à rien.* Ce propos, répété plusieurs fois, est connu du peuple, et a fait dire que les agens même de Votre Majesté, puisqu'ils tenaient un pareil langage, n'étaient pas sûrs des événemens. Il est fort dangereux, dans la situation d'esprit où se trouvent les habitans de Bordeaux, de laisser voir que l'on puisse douter de la réussite de tout ce que l'on peut entreprendre.

Je suis loin de penser qu'il ne faille de la prudence; mais la prudence même n'ordonne-t-elle pas de préparer les moyens de parer à tous les événemens possibles? C'est ce qu'on a entièrement oublié ici : on s'est contenté de dire que les circonstances étaient difficiles et on n'a rien fait.

Ce qu'on nomme la confédération Royale est plus à craindre qu'on ne pense : elle a été long-temps ridicule ; mais aujourd'hui qu'elle a triomphé une fois, l'impunité de ses agens, l'habitude qu'ils ont prise d'intriguer, soit dans l'ombre, soit en évidence, leur a donné une grande expérience et de l'énergie. La police subalterne, les scribes des grandes municipalités ou préfectures, appartiennent plus ou moins à cette confédération ; elle s'étend dans tout le Midi. C'est pour lui résister et lui opposer quelque chose, que je vais employer tous les moyens de former une fédération nationale.

Les administrations civiles sont, en général, mauvaises ; le Receveur-général excepté : il est toujours resté bon.

L'arrivée en France du Roi de Naples, que l'on sait ici depuis trois jours, a produit le plus mauvais effet.

J'active, autant que je puis, les travaux du Château Trompette : il sera bientôt à l'abri

d'un coup de main. J'aurai l'honneur d'adresser à Votre Majesté un rapport détaillé de
sa situation, dans mon premier rapport.

J'ai l'honneur d'être, de Votre Majesté,

SIRE,

Le plus obéissant et le plus
fidèle sujet,

RÉSIGNY,

Officier d'ordonnance de l'Empereur.

LETTRE de M. FLEURY, un des Secrétaires de Buonaparte, relative à un agent
secret.

La lettre est apostillée de la main de BUONAPARTE ; on
y lit ces mots : « Il (M. FLEURY) peut revenir en se diri-
geant sur Laon. Cette apostille est du 11 Juin.

Bourg-libre, ce 6 Juin 1815.

SIRE,

Cet agent n'est point venu.

J'ai appris à Bâle qu'il s'était rendu le 16
à Rhenfeld. Je me suis informé s'il y existait
quelque personne de marque ; on m'a assuré
que non.

Le 17, il est parti de Bâle ; il a dû arriver
à Vienne le 22, 4 jours avant le départ de
l'Empereur.

Il pouvait et devait être de retour le 29.

Il est présumable qu'il ne viendra point.

S'il n'est point arrivé le 13, je l'aurai attendu 15 jours, et je partirai, à moins que Votre Majesté ne m'ordonne de rester.

Si je pars, je lui écrirai à tout hasard une lettre de commerce pour lui annoncer que je serai, en tout temps et tout lieu, à sa disposition.

C'est aujourd'hui que doivent être connus les votes des cantons en faveur de la coalition ou de la neutralité.

On sait d'avance qu'ils sont favorables aux alliés.

Je suis avec respect,

SIRE,

De Votre Majesté,

Le très-humble, très-obéissant serviteur et fidèle sujet,

FLEURY.

Secrétaire de Votre Majesté.

LETTRE de Joseph Buonaparte, ci-devant Roi d'Espagne, à son frère Napoléon, relative à un agent secret.

Paris, ce 13 Juin 1815.

SIRE,

M. *Olivier*, suisse (du pays de Vaud) qui a déjà vu V. M. revient de son pays. Il porte des détails. Il pourrait être employé encore par V. M. Je me décide donc à vous l'adresser. C'est un homme dont le dévouement est à toute épreuve.

De Votre Majesté,

SIRE,

Le très-humble et très-fidèle sujet et frère,

JOSEPH.

EXTRAITS de quelques états de situation de divers régimens.

Il se trouve dans le porte-feuille plusieurs états de situation, envoyés par divers régimens, et mis sous les yeux de *Buonaparte* probablement à cause des notes particulières qu'ils contiennent.

Une de ces pièces, datées de Toulouse le 5 Juin 1815, et signée par le Chef du 4.e escadron du train d'artillerie, donne les renseignemens suivans :

« Quels obstacles éprouve le recrutement ? »

Réponse : « La majeure partie des habi-
» tans du Midi employent toutes les insti-
» gations et absurdités pour empêcher les
» militaires de rejoindre, les excitent à la
» désertion et leur en fournissent même les
» moyens. »

Le Conseil d'aministation du 27.e régiment de ligne réclame 41,5o5 francs, afin de pourvoir à l'habillement et équipément des hommes destinés à former le 4.e bataillon, et se plaint vivement de n'avoir pas encore reçu cette somme, demandée depuis longtemps. Il réclame, de plus, 30,360 francs pour première mise des prisonniers rentrés en 1814, somme demandée déjà plusieurs fois et sur laquelle il n'a pas été donné le moindre à-compte. Le Conseil finit par ces mots : « les fournisseurs refusent de délivrer » dans le magasin, s'ils ne sont payés avant. »

COMPOSITION DU VOYAGE.

Liste des personnes qui composent le voyage.

Le grand Maréchal.
Le général Drouot.
Le général Corbineau.
Le général Flahaut.
Le général Dejean.
Le colonel Bussy.
La Bédoyere.
Letort.

} Aides-de-camp.

Mr de Turenne, Chambellan.
Mr de Guerchy, Maréchal de logis.

Général Foulert, 1.er Écuyer.

Baron Mesgrigny.
Baron Canisy.

} Écuyers.

2 Pages.

Officiers d'ordonnance.

Colonel Gourgaut.
St. Yon.
Dumoulin.
Lariboissière.
St. Jacques.

Planat.
Lannoy.
Résigny.
Regnaut.
Montesquiou. (Alfred)
Autru.
Amillet.
Chiappe.

Bernard, Aide-de-camp.
Fain.
Anthery. } Secrétaires. } Cabinet.
Fleury.

Chirurgien. (le nom est en blanc.)

Marchand, 1.er valet de cham-
  bre.
St. Denis-halix, 1.er chasseur. } Chambre.
Hovera,   2.e chasseur.

Note de la main de Buonaparte.

Juin.

Le 12, départ de Paris et coucher à Laon.
Le 13, coucher à Avesnes.
Le 14, coucher à B. *(Beaumont.)*

Bibliothèque de voyage de BUONAPARTE.

Nous faisons grâce à nos lecteurs du Catalogue complet de la Bibliothèque de voyage, et des livres que *Buonaparte* avait fait prendre dans sa Bibliothèque de Paris et dans son Cabinet. La première était contenue dans six caisses : il y avait, en tout, près de 800 volumes. Nous copions ici les titres de quelques-uns de ces ouvrages, en suivant l'ordre du Catalogue et la méthode du Bibliographe, qui ne s'est pas donné la peine d'indiquer trop précisément les éditions.

Caisse N.º 1.

1.	Bible	8 vol. in-18.
2.	Homère, OEuvres . .	12 vol. in-18.
7.	Lafontaine, Psyché. .	2 vol. in-18.
8.	Prévost , Manon Les-caut	2 vol. in-18.

N.º 2.

5.	Ossian, OEuvres . .	3 vol.
7.	Bossuet , Discours sur l'histoire universelle.	4 vol.
16.	Voltaire , Romans . .	3 vol.
17.	Le même, La Pucelle.	1 vol.

Caisse N.º 5.

2. de Bury, hist. de Henri IV.   4 vol.

N.º 6.

1. Voltaire, Histoire de Charles XII . . . . 1 vol.
8. Du Cerceau , Conjuration de Rienzi. . . . 1 vol. in-12.
14. Delille, La Pitié, poème.   gr. in-18.

État des livres choisis dans la Bibliothèque et dans le Cabinet.

1. OEuvres de Voltaire . . 70 vol.
2. Anarchie de Pologne . . 4 vol.
13. Contes de Lafontaine. . 2 vol. in-8.º
15. Gilblas. . . . . . . 4 vol. in-8.º
18. Don Quichotte. . . . 6 vol. in-12.
21. Progrès et chute de la République romaine, par Fergusson . . . 7 vol. in-8.º
38. Taités de paix, par Martens. . . . . . 11 vol. in-8.º
39. Collection du Moniteur et tables . . . . . 48 vol. in-fol.
51. Conjuration contre Venise. . . . . . . 1 vol. in-12.

Minutes de quelques lettres de BUONAPARTE, écrites la veille de son départ de Paris, 11 Juin 1815.

Il y a parmi les minutes des lettres datées de Paris, une pièce portant en marge l'indication du 10 Juin. C'est une note dictée par BUONAPARTE à son secrétaire, qui étant obligé de saisir rapidement les paroles de son maître n'a guères tracé que les initiales de chaque mot. Tout ce que nous pouvons déchiffrer de cette note se réduit à ceci : » Je veux que les ordres pour le départ.... apprendre que » les hostillités commencent.... mon intention est qu'on » le fasse partir le 12.... ». Le reste est illisible. Comme nous ne voulons pas suppléer au texte par des conjectures hasardées, nous supprimons la pièce.

Lettre de BUONAPARTE *au Comte* LAVALETTE, *Directeur général des Postes.*

Monsieur le Comte LAVALETTE, comme j'ai dit dans mon discours d'aujourd'hui que je partirai cette nuit, je désire que vous veillez à ce qu'on ne donne pas des chevaux de Poste sur la route que je tiendrai, et qu'on exerce une grande surveillance sur les personnes auxquelles on donnera des chevaux sur les routes environnantes, et qu'on ne laisse expédier aucun courrier ni estafette.

Paris, le 11 Juin 1815.

Sept lettres de BUONAPARTE au Ministre de la Guerre.

Nous avons abandonné au lecteur le soin de faire les observations auxquelles peuvent donner lieu les pièces que nous publions il remarquera, sans doute, dans les deux premières des sept lettres au Ministre de la Guerre, la différence du ton de *Buonaparte* parlant de *Masséna*, qui n'est pas plus vil que les autres, ou de l'infâme *Ney*, méprisé de son maître et de ses complices ; —— « Faites venir le Maréchal *Masséna*. —— Faites appeler » *Ney* ».

Au Ministre de la Guerre.

11 Juin.

Faites venir le Maréchal *Masséna* ; s'il désire se rendre à Metz, il en sera le Gouverneur et aura le commandement supérieur des 3.me et 4.me divisions. Veillez à ce que   soit rendu à l'armée du Nord.

Le nom de celui qui devait se rendre à l'armée du Nord est laissé en blanc dans la minute, comme il l'est ici.

Au même.

11 Juin.

Faites appeler *Ney*. S'il désire être à la première bataille, qu'il soit rendu le 13 à Avesnes, où sera mon Quartier-général.

Au Ministre de la Guerre.

11 Juin.

Je vois que les fédérés sont de 14000 hommes; vous leur avez donné 3000 fusils : cela
ne fait donc que le tiers de ces hommes qui
sont armés. Je pense que cela est suffisant,
parce qu'on sera toujours à temps de les armer
avec les fusils qu'on fera tous les jours, et que
nous allons avoir à armer les 300,000 hommes qui vont être levés. Donnez-moi l'assu-
rance que d'ici au 15 tous les Gardes-natio-
naux seront totalement armés; tels que ceux
d'Alsace, de la Lorraine, du Dauphiné, etc.

Au Ministre de la Guerre.

11 Juin.

158 Canons de la Marine sont arrivés à Paris ; faites ensorte qu'ils se trouvent en batterie avant le 20. Il en arrivera 80 autres d'ici au 20. Il est important que ces 240 pièces soient en batterie vers le 20, afin que je sois absolument sans inquiétude pour la ville de Paris. Recommandez qu'on ne mette pas des pièces de fer de 8 et de 6 ensemble. Comme on a mis les pièces de 8 de préférence pour la rive gauche, il faut aussi y mettre les pièces en fer.

Au Ministre de la Guerre.

11 Juin.

Je désire avoir l'état des fusils et de l'endroit où ils sont. Envoyez-en 6000 à Soissons qui seront à ma disposition, 3000 à Guise et 3000 à Avesnes. Il faudrait qu'ils y fussent rendus promptement, afin que si nous avons des succès, je puisse armer les paysans Belges, Liégeois, etc.

Remettez moi l'état des Officiers Belges qui sont ici. Envoyez un Officier Supérieur Belge à la suite du Major-général. Vous savez combien ces hommes peuvent nous être utiles.

On ne sait pourquoi *Buonaparte* compte sur la défection des soldats Belges et sur le secours des habitans. Il est mal servi par ses espions, s'ils lui disent qu'il n'est pas également en exécration dans toutes les provinces qui composent le Royaume des Pays-Bas. S'il était parvenu à envahir ces contrées qui ont gémi si long-temps sous son joug, *les paysans Belges*, *Liégeois*, *etc.* auraient reçu *le libérateur* à coups de fourche. Les militaires Belges, provoqués à une lâche trahison par les *hommes d'honneur* qui suivaient ce digne chef, n'ont répondu à ces invitations que sur le champ de Bataille : ils ont exterminé les satellites du Tyran. Il sait à quoi s'en tenir maintenant sur le compte de ces officiers qu'il s'était permis, dans plus d'une revue, de nommer à ses soldats comme des hommes dont *il était sûr*. Le Roi des Pays-Bas n'a pas eu, pendant tout le temps que la crise a duré, le moindre sujet de plainte ou de soupçon à l'égard de la fidélité soit des fonctionnaires civils, soit des militaires de son pays.

Au Ministre de la Guerre.

11 Juin.

Vous ferez connaître au Maréchal *Suchet*, par estafette et par le télégraphe, que les hostilités commenceront le 14, et que dès ce jour il pourra s'emparer de Montmeillan. S'il est indispensable qu'il le fasse avant ce temps à cause des mouvemens de l'ennemi, je l'y autorise, mais, cependant il serait à souhaiter qu'il ne s'en empare pas avant le 15, *à moins qu'il n'y soit forcé.*

Ces derniers mots soulignés sont ajoutés par une autre main.

Au Ministre de la Guerre.

11 Juin.

Il serait nécessaire que d'après les renseignemens que vous fournira le Ministre de la Police, vous fassiez un récit de ce qui s'est passé dans la Vendée, avec les pièces justificatives.

LETTRE de Buonaparte au Ministre de la Marine.

11 Juin.

Je suppose que vous avez interrompu toutes les communications par mer, et que personne et aucun paquebot ne passent plus sous quelque prétexte que ce soit.

LETTRE de Buonaparte au Ministre de l'Intérieur.

11 Juin.

Les Préfets ne doivent jamais se laisser enfermer dans les places, hormis dans celles de Lille, Strasbourg, Metz et Besançon ; ces places sont tellement considérables que je désire qu'ils y restent.

Les sous-Préfets qui ont leur domicile dans des places fortes d'une population de plus de 8,000 âmes pourraient y rester.

LETTRE de Buonaparte au Comte Regnault (de Saint - Jean d'Angély, Ministre et Conseiller d'Etat, Président de Section, etc.).

Paris, le 11 Juin 1815.

Au Comte Regnault.

Je reçois votre lettre. J'ai fixé à 60,000 francs, tout compris, le traitement des Ministres d'Etat. Indépendamment de cela, en votre qualité de Président, je donne ordre à Peyruche de vous remettre 6000 francs par mois, pendant tout le temps que je serai à l'armée. Je désire que ce supplément d'appointemens reste secret.

Une note, au bas de cette minute porte : *écrit en conséquence au Baron* Peyruche. La lettre au financier ne s'est pas retrouvée. Nous sommes fâchés que le petit arrangement entre S. M. Impériale et son orateur chéri ne puisse pas *rester secret.*

RAPPORT fait à Buonaparte, par M. Gourgaud son premier officier d'ordonnance, daté de Paris le 6 Juin 1815. Suivi de quelques

EXTRAITS d'un rapport fait à Buonaparte, par M. Rey, Colonel d'artillerie, daté d'Antibes 26 Mai 1815.

Cette dernière pièce est analysée dans le rapport de M. Gourgaud : nous ne la donnons que par extrait, parce qu'elle est remplie de détails minutieux sur le personnel et le matériel de l'artillerie dans toutes les batteries, les îles et les forts : le Colonel Rey y joint des états et tableaux sur tous les objets de service dans les places de la Direction d'Antibes. Nous nous bornons à faire connaître à nos lecteurs quelques passages curieux dont le discret M. Gourgaud a privé son lecteur Impérial. Napoléon nous saura gré, peut-être, de lui *remettre sous les yeux* de bonnes vérités sur lesquelles son premier officier d'ordonnance a glissé un peu légèrement.

A Sa Majesté l'Empereur.

SIRE,

J'ai l'honneur de mettre sous les yeux de Votre Majesté un Rapport de M. le Colonel d'Artillerie *Rey,* duquel il résulte ce qui suit :

Les batteries de la côte depuis les îles d'Hières jusqu'au Var, les îles de Porquerolles, Porteros, etc. sont mal armées. — Elles sont pour la plupart sans personnel. Le fort S.t Tropès a 14 bouches à feu approvisionnées à 100 coups, mais il n'y a point de canonniers pour les servir. L'île S.te Marguerite est armée de 18 bouches à feu, servies par 21 canonniers vétérans et 15 gardes-côtes. Les autres batteries depuis le Cap-Nègre jusqu'à Fréjus ne sont pas armées. Il serait utile que quelques-unes le fussent : mais on manque de canonniers et les gardes-côtes ne pourraient servir que dans les îles, d'où ils ne peuvent déserter. Il serait bon de mettre quelque infanterie dans les îles et forts.

La place d'Antibes a dans ce moment 53 bouches à feu en batterie ; son armement sera de 75 bouches à feu. Il y a 23,400 kilogrammes de poudre ; il en faudra encore près de trois fois autant pour porter l'approvisionnement à 400 coups par pièce.

1,800 Fusils sont à réparer dans la place, mais il n'y a pas d'argent pour cet objet.

Il se trouve dans cette Direction d'artillerie, un excédant considérable en matériel, qu'il serait avantageux d'évacuer promptement sur Toulon. Il n'y a point du tout de personnel d'artillerie pour la défense d'Antibes. Je viens de voir le Général *Evain* à ce sujet; il m'a dit que 2 compagnies à pied avaient ordre de se rendre de Toulouse sur cette place, et qu'il allait évacuer d'Antibes toute l'artillerie excédant celle nécessaire.

La garnison se compose du 160.e régiment fort de 1000 hommes environ. Les approvisionnemens en vivres sont assurés pour une garnison de 1500 hommes pendant deux mois ; on les portera pour 2000 hommes pendant trois mois.

Le Maire et ses deux Adjoints manquent de fermeté. Le commandant du fort quarré ne mérite aucune confiance : il serait bon de le remplacer.

L'esprit public, tant dans les campagnes que dans la ville, n'est pas bon. Les Autorités civiles, le Directeur d'artillerie, etc. manquent de vigueur et d'activité. Tout est engourdi dans cette partie de la France ; de sorte que l'ennemi qui déboucherait par la route de la *Corniche* et se porterait par le Bas-Var, vers les bouches du Rhône, aurait en ce moment beaucoup d'avantages. Il insurgerait tout le pays ; son artillerie lui serait fournie par Monaco, Nice, etc. --- Il pourrait en même-temps, tenter par mer une expédition sur Marseille. Il tournerait ainsi les positions de Lyon et de l'Est de la France et annullerait les dispositions défensives prises sur ces frontières.

Un Général, ferme, actif, intelligent qui serait envoyé en ce moment vers le Bas-Var, avec des pouvoirs étendus, pour y organiser des moyens de défense, rendrait de grands services.

Je suis avec respect,

Sire,

de Votre Majesté,

Le très-humble et très-obéissant serviteur, et fidèle sujet,

Le C.el Gourgaud,

Premier officier d'ordonnance de S. M.

Paris, le 6 Juin 1815.

9 782013 396745